Rafael González Serrano

Las arenas del cielo
(así ha sido y será)

Colección Piel de sal

RAFAEL GONZÁLEZ SERRANO

LAS ARENAS DEL CIELO
(ASÍ HA SIDO Y SERÁ)

CELESTA

COLECCIÓN PIEL DE SAL, 37

Diseño de cubierta: RAGSE

Primera edición, 2024

© Rafael González Serrano
© Celesta
C/ Nieremberg nº 5, 5º A
28002 – Madrid
editorialcelesta@gmail.com

ISBN: 978-84-126149-5-4
Depósito legal: M-3192-2024

*Nada más compuesta, la frase muere. Las palabras
le sobreviven.*
*La letra gasta a la palabra que gasta a la frase que
gasta al libro que gasta al escritor, que se arruina.*

Edmond Jabès

*Lo sagrado une aquellas cosas y valores que dan
vida a una comunidad.*

Byung-Chul Han

*No iré al encuentro de la gente
temo sus injurias y sus elogios.*

Alexander Blok

*El escritor que no ha torturado sus frases tortura
al lector.*
*Hay que conferir a la frase la dureza de la piedra y
el temblor de la rama.*

Nicolás Gómez Dávila

Pasajes primigenios

Sobre la luz rebelde

Quiso ser la luz, y contra la luz se rebeló. Quise ser su igual, y contra Él me alcé. Quiso ser su adversario y rechazar la obediencia. Quise enfrentarme y no aceptar Su autoridad.

De esta forma se produjo la batalla entre los fieles y los rebeldes, entre dos legiones combatientes.

Y quien pretendía ascender al cielo y erigir su trono por encima de las estrellas, acabará, a lomos de su soberbia, cayendo en las honduras del abismo. Abrazado a su derrota como una serpiente que arrastrase su vientre por el cieno de la eternidad.

La ofrenda rechazada

Yo Te presento ofrendas que no acoges. Soy el primogénito y ellas son el fruto esforzado de mis manos, ¿por qué no son dignas de tu atención? Sin embargo, sus sacrificios sí los aceptas. ¿Acaso son más valiosos? ¿No ofrece cada uno lo que es capaz de cuidar? ¿Es mejor el ara con sangre que el altar con frutos? Tú decides injustamente lo que es bueno y lo que no, y así me condenas al pecado. ¿Hay envidia al sentirse rechazado? ¿Es el odio hijo del desdeñado? Pues sea; aceptaré Tu ley, y que la mano y el hueso cumplan la sentencia, y que la sangre mane. Y vagaré, maldito, aullándole a los planetas lo arbitrario de mi destino.

El agua del origen

Brotará como un fruto de cálidas y fecundas aguas, las mismas que le acogerán y alimentarán durante lunas.

En ese hogar la semilla se torna milagro.

Único por igual a todos los demás en la cadena que surca las huellas del tiempo.

Y así devendrá en materia, tan definitiva como fugaz; y en alma sin límites.

Será la encarnación de todos los gestos precedentes, de todas las lluvias que germinaron los lechos de barro y sangre.

Génesis de luz y llama.

Porque la ceniza sólo es una ficción en la estirpe de la carne.

El viaje de Enkidu

Me creó la diosa Ninhursag con arcilla dotándome de una condición agreste. Vivía alejado de los hombres, cubierto con pieles de animales y hostigando a los pastores y campesinos.

Mas el soberano, alertado por sus súbditos, me envió a una mujer, Shamat, que domó mi carácter salvaje, aprendiendo a comportarme como un humano. Con ella partí del yermo para acudir a la ciudad.

El señor de Uruk, convertido en tirano, pretendió hacer valer su abusivo derecho de soberanía sobre ella, como hacía con otras mujeres, pero yo me opuse.

Entablamos un prolongado combate del que no salió vencedor alguno, aunque sí, por el mutuo respeto y admiración, dos fieles amigos.

Ambos partimos hacia el Bosque de los Cedros a enfrentarnos con el monstruo Humbaba, su guardián. Gracias a la ayuda de Utu, derrotamos y dimos muerte a la bestia.

En nuestro periplo, también vencimos al Toro celeste, y ofrecimos su corazón a Shamash, el padre Sol, provocando el enfurecimiento de Inanna, que profirió una maldición

Varios dioses, ofendidos por ambas muertes, piden un castigo. Y, a pesar de la oposición de nuestro Benefactor, caigo gravemente enfermo. Agonizante, vislumbro el inframundo.

Allí empezaré mi postrer viaje, ignorando si volveré al mundo de los vivos; aunque sea como un espectro entre las sombras.

Deseo de absoluto

Soy el soberano de todas las tierras, desde las montañas del norte a las planicies anegadas meridionales, desde el gran mar de poniente hasta las llanuras desérticas del este. Mis súbditos se cuentan por miles de millares en decenas y decenas de ciudades y aldeas a mí sometidas. Primero fui ascendido a primer oficial por mis valiosos servicios; luego, el ensi de mi ciudad me nombró su copero mayor. Mas yo llegué, por los méritos de mi astucia y el valor de mi brazo, y con el apoyo de mi divina protectora, a ser el gran señor. Pues no sólo regí mi lugar natal sino que extendí mis posesiones a los cuatro vientos por amplios territorios. Dominé regiones, gentes y pueblos; desde los cabezas negras a los de hirsutas barbas; desde los artesanos a los comerciantes; desde los nómadas a los lugareños. En la cima del poder dirijo mis dominios con voluntad, firmeza y arrojo, para que todo el mundo conozca que soy el más grande señor de todos los tiempos.

Castigo y restitución

Ayudar a los hombres fue tu condena; y la de ellos. Pues el vengativo Padre les envió a la que portaba los terribles males que se esparcirían entre ellos. Disfrutarían del fuego, dador de vida, sí, pero también padecerían crueles desgracias. Rebelde, o benefactor, te alcanzó así mismo el castigo. Encadenado a una roca, sufriste el desgarro de tus entrañas cuando el pico acerado te devoraba. Y tu sufrimiento continuaría en un ciclo eterno. Pero el Destino, que se halla por encima incluso de los inmortales –y engañando la curiosidad del Supremo– quiso que la flecha del héroe de los doce trabajos matase a tu agresora, acabando con tu tortura. Fuiste libre, pero mortal. Sólo el pacto con el centauro te restituiría tu primigenia condición.

Las alas de la arrogancia

Mi padre era un consumado artesano y con sus hábiles manos construyó, sirviéndose de plumas y cera, las alas livianas que serían mi perdición.

Las probamos y volábamos por los cielos como las aves que surcan esos espacios. Mas mi entusiasmo me llevó a desobedecer su advertencia: "no te eleves demasiado pues los rayos del sol podrían derretir la cera que ensambla las plumas".

Ya sea por inconsciente entusiasmo o por soberbia desobediencia, al sentirme volar me elevé más de lo conveniente. Y las alas se desarmaron precipitándome al vacío. Me estrellé contra matorrales y arbustos, y quedé quebrado de piernas.

Ahora soy un tullido que es motivo de mofa, y que malvive con los serviles y humillantes trabajos que me encargan, entre burlas y lástima, displicentes señores.

La prueba arbitraria

Por una prueba, un cruel juego entre antagonistas, sufrirás en ti, en los tuyos y en lo tuyo, la atrocidad de su apuesta. Por qué examinar tu bondad sometiéndote a desgracias sin tasa. Por qué esa complacencia perversa en comprobar tus virtudes. Cruel experimento inhumano sobre una criatura de latido y linfa. Porque no les importaron tus pérdidas, tus desdichas, tus enfermedades. Sólo querían saber si te abandonarías a la desesperación. Y tú, hombre justo e íntegro, sufrirás despiadadamente en ti el combate de esos rivales implacables. Porque la restitución posterior más que un premio a tu virtud es el reconocimiento de una atrocidad.

La cabeza del tirano

Sólo fui el instrumento que Aquel a quien debo
venerar y servir utilizó para librar a nuestro pueblo
de las garras del sanguinario sitiador. Que sea mujer
fuerte, templada, valiente, o artera y temible, lo
juzgará nuestra historia.

Alentada por mi afán,
llegué al cuartel enemigo.
Desplegué todas mis artes
para hechizar al caudillo.
Entre caricias y tragos
logré embaucar al maldito,
que ansiando más placer
cayó ebrio tras el vino.
Dado al sueño el militar,
ignorando su destino,
con su espada separé
lo por nunca ya unido.
De un tajo corté su testa,
y en una bolsa metida,
de regreso a mi ciudad,
la mostré a mis vecinos.

Grande fue su alborozo
entre alabanzas y gritos;
del enemigo el terror,
que así pudo ser vencido.

El fuego justiciero

Sucedió en aquel tiempo y en aquellas ciudades que moraban hombres injustos, nada temerosos de ofender con sus actos al Hacedor. Habitantes que, amparados en su soberbia, se dieron a la gula, la pereza, la impiedad, la lujuria y todo tipo de vicios contrarios a la honestidad. Entonces el Señor decidió castigarlos, no sin antes comprobar si había algunos justos que permitiesen la salvación de esas urbes. Sólo encontró una familia, y mandó a sus emisarios para que les advirtieran de que huyesen y así se pusieran a salvo. Y el azufre y el fuego arrasaron esos infames lugares acabando así con la ignominia. Mas en algún fugado aún habitaba la desobediencia.

Morir entre columnas

Con la sola fuerza de mis brazos desgarré las fauces de un león; con una quijada de asno maté a mil adversarios; con mis propias manos arranqué las puertas de la ciudad enemiga dejándola indefensa. Ni gruesa cuerdas ni cadenas me reducían pues mi fuerza residía en mi pacto con Él: unos cabellos intonsos desde mi niñez.

Mas la perdición tiene siempre el mismo origen: incumpliendo mi juramento, confesé mi secreto a aquella que habría de traicionarme. Despojado de mi melena perdí mi fortaleza, me fueron arrancados los ojos y, encadenado, sometido a una esclavitud servil. Pero el tiempo restituyó mi cabellera, y se restableció de nuevo la alianza con Él.

Así, conducido al templo de su idolatría, suplicaré Su ayuda y, entre falsas estatuas, y con un postrero acto, derribaré las columnas que sustentan ese infame edificio, haciendo sucumbir bajo los escombros a todos los enemigos; y a mí con ellos.

El peso de la culpa

Soy temeroso de mi Señor, por eso no deja de asaltarme este remordimiento que me angustia.

Quedé prendado de su belleza y decidí que fuera mía, lo que no me resultó difícil siendo quien soy.

Miserable, ordené al comandante que dirigía el combate contra los enemigos que situase al esposo en el lugar más arriesgado, a fin de que fuera hecho muerto en la batalla.

Cumpliose mi designio, y así pude conseguir a esa mujer a la que, ya viuda, llegué a desposar.

Pero el profeta ya me advirtió que mi acto supondría la quiebra del sosiego. En mis dominios y en mi interior.

Todas las desgracias que acaeciesen serían debidas a mi pecado de lujuria. Empezando por la muerte de la criatura habida de ella; siguiendo por la rebelión de mi posible heredero.

El ángel del Señor no abandona al piadoso

Enviado por Aquel cuyo nombre celamos, salí al encuentro de joven virtuoso. Este iba a esposar a su pariente, siete veces viuda, desgracia sufrida por intervención demoniaca. Al comprobar su pureza de alma, decidí actuar a favor de ambos. Así al joven le di un remedio para vencer las desventuras. Debía pescar un pez, luego quemar el corazón y el hígado delante de la novia, y así desaparecería el maligno. Y con la hiel untar los ojos ciegos de su anciano y sabio padre, lo que le haría recobrar la vista. Y así hizo el joven, y las desdichas se tornaron en venturas. Revelé mi identidad, y dieron alabanzas al Señor. De esta forma la virtud y la fidelidad fueron recompensadas. Y les curé, pues no en vano mi nombre es el de sanación divina.

El arte de la guerra

La guerra es el principal instrumento para conseguir la paz.

Si un pueblo no quiere ser sometido por sus vecinos debe preparase para el combate.

Esto no significa que necesariamente se desencadene la contienda.

Se puede vencer también en ocasiones sin aprestarse a la lucha.

La estrategia que se utilice es pues fundamental, siendo el engaño el principio rector de ella.

Aparentar frente al otro siempre lo contario de lo esperado:

> mostrar lejanía cuando se está próximo,
> incapacidad cuando se es apto para el ataque,
> inactividad cuando se está en movimiento;
> tender cebos para atraer el enemigo.

El dominio de la vida y la muerte, la supervivencia o la pérdida para un buen gobernante y su reino, sólo es posible mediante la práctica correcta de la guerra, pues casi siempre la rivalidad es principio rector entre naciones fronterizas.

Y el regidor debe armonizarse con sus súbditos mediante unas justas leyes, ha de controlar el tiempo y el espacio, aplicar el mando recto y la apropiada disciplina.

Sólo así conseguirá la victoria.

En el filo de la danza

Bailaré como las estrellas del cielo
celebrando el sol que las gobierna,
con mis pies deslizándose en el mármol,
con mis manos acariciando el aire,
como por un lecho de nubes flotantes.

Danzaré como las olas de los mares
cuando se abren y muestran sus entrañas,
como las llamas en la hoguera inicial,
con la furia de la lluvia generosa,
y la gracia de los pasos inocentes.

Bailaré restando segundos al tiempo,
con las caderas dibujando hechizos,
con los cabellos alimentando sueños,
como si con mi danza fuera a recibir
en bandeja la cabeza de un hombre.

Las tentaciones

Me tentarás pretendiendo que convierta las piedras en panes, que me tire desde lo alto del templo, o que te adore para concederme los reinos de este mundo. Pero todo ello es contrario a servir al Señor.

Me agrediréis causándome intensos dolores, me asaltaréis con horrendas visiones. Mas no me aterraré porque nada podéis contra mi fe en el Señor.

Me provocarás intensos dolores de cabeza, me lanzarás al suelo desgarrando mis escrituras, me golpearás con una cuerda anudada. Mas no me vencerás pues en el Señor creo.

Me acometeréis con los más abominables espectros, me turbaréis con apariciones espantosas. Pero no desfalleceré porque orar al Señor me salva.

La gracia espléndida

Soy poderosa porque soy fértil.
    Sin mí la vida no es y soy sinónimo suyo.
Soy venerada porque soy fecunda.
    Sin mí el amor sería un recuerdo del olvido.
Soy generosa porque soy feraz.
    Sin mí la sangre dejaría de palpitar.
Soy respetada porque soy prolífica.
    Sin mí el aire ahogaría los pulmones.
Soy el vientre de la tierra,
    el seno del agua,
        la matriz de la luz,
        la entraña del fuego.
Y quien combate a la estéril muerte.

Cesuras en el tiempo

La cadencia de las horas

El tiempo se desgrana despacio, segundo a segundo se van deslizando los granos de esta arena por el cristal de la vida. Esa lentitud no es obstáculo para que la angustia oprima el pecho en el alma, como lo hace el agua con el cuerpo que se hunde buscando el fondo. Es la espera marcada por saber que el destino es un preciso final. No es posible suspender el ritmo pausado mediante un espejismo de prórroga indefinida. No es viable escapar hacia un territorio donde el devenir sea circular. Porque calmo, sereno, impasible e implacable, el tiempo trabaja nuestra finitud.

El borde de la orilla

Aceptamos la cita con el destino porque no hay más plazos que inventar ni demoras que fingir, cuando la boca del ocaso decide engullirnos.

En el filo del tiempo abrazamos el vacío que reclama nuestros huesos y nervios, para volver al polvo que nos constituye.

Prepararse: un gesto, un parpadeo, una exhalación. Final encuentro de células gastadas, tendones derribados y piel apagada.

Cumplir con el proyecto de la sangre.

Los signos de la vida/muerte

La naturaleza se muestra impasible con nosotros
y la eternidad es un misterio que ignoramos.
Si la hoz del tiempo nos segará en un parpadeo,
regalándonos la certeza de nuestra pequeñez,
celebremos nuestra nada en el líquido de la copa,
y que lluvias, vientos, sombras, sean los testigos.
Fue el mundo sin nosotros y así seguirá siendo.
La yerba que brota y el barro de la jarra
surgen de la tierra que seremos de cierto,
así que bebiendo resucitaremos del limo.
Sin paraísos indescifrables, escojamos el vino
del gozo y la felicidad del fugaz instante,
pues el cuerpo presto será olvido y nada
y la nueva mañana el fin de otra noche estéril.
Lo pasajero es la esencia de este pulso
que late en la sangre de nuestras heridas.

Al filo de la hora

No quise hacerlo. Me han dado una cena especial. Me preguntó el capellán si quería poner mi alma en paz. No creo que haya nada pero, por si acaso, acepté. No he podido dormir ni un minuto. Espero el alba, que será mi ocaso. No quería hacerlo. Veo en visiones su sangre abrazando al cuchillo. En un relámpago, mi mano asiéndolo. Con la aurora todo habrá acabado. No hubo justificación alguna. La hoja entrando y saliendo una y otra vez; de sus cuerpos. ¿Enloquecí? Si no pretendía hacerlo. Tampoco llegó el indulto. Olvidado por todos. (¿Qué todos? ¿Acaso tengo a alguien que se acuerde de mí?). Si me ofrecen un cigarrillo lo aceptaré. Y besaré la cruz. (¿Para qué servirá?). Al menos el tabaco dejará un último sabor de vida. Juro que no quería hacerlo. De dónde salió ese fatal impulso. Los segundos van lentos pero los latidos rápidos. Quiero acabar cuanto antes. No; el tiempo se acelera y aún no he recordado todas mis maldades; y no lo lograré. Angustia, desánimo y resignación. Me abandono al abismo de la oscuridad.

Latidos de espera

Estás solo al otro extremo de la sonda intravenosa. Inconsciente en tu lecho de la UCI durante mi breve visita. Y te digo para mí misma, "resiste".

Anteayer empezaste a sentir los síntomas: cansancio no habitual, dolor en el pecho, dificultad al tragar, pulsación abdominal. A pesar de tu rechazo, llamé a urgencias, y te trajeron al hospital. El diagnóstico era concluyente: aneurisma. Había que intervenir.

Aislado al otro lado de la máscara del oxígeno. Observo el desamparo de tu cuerpo, manifiesto en las ondas de la pantalla. Y te aliento para mí misma, "aguanta".

Vulnerable en tu laxitud, rastreado en tus constantes, con el pulsioxímetro en el dedo. Saturación, ritmo cardiaco, presión arterial, temperatura... Y te grito en silencio para mis entrañas: "¡lucha!"

Del ritmo de la historia

Las llamas creadoras

Dicen que fui yo quien mandó prender fuego a las casas próximas al circo. Dicen que el incendio fue instigado por mis insaciables ambiciones. Dicen que quería arrasar unas barriadas y en el lugar de sus ruinas erigir una fastuosa mansión. Pero mienten; mis enemigos intentan manchar mi nombre para negar mi soberanía. Lo que sí es cierto es que los dioses vinieron en mi ayuda. Así se originó, mediante provocación o accidente, la catástrofe. Entonces sí, asistí emocionado desde mi palacio al impresionante espectáculo de una ciudad ardiendo. Y disfruté con ese fuego purificador, pues sólo las llamas logran acabar con lo informe y caduco. Y ya en mi mente proyectaba las nuevas construcciones que glorificarían mi nombre durante generaciones. Porque en la destrucción del fuego habita, y de ella surgirá, la fuerza creadora.

Las normas decisivas

Aconsejé a los gobernantes que fueran amados y temidos a un tiempo, pues así someterán mejor a sus naciones. Si es bueno ser temido, no así ser odiado. Y no hay mejor manera para ser aborrecido que el apropiarse de los bienes de sus súbditos. Ser querido no pasa por ser demasiado indulgente, pues será tenido como muestra de debilidad, y puede provocar revueltas. Por tanto, es preferible mostrarse autoritario y así contener las ansias de disturbios de las gentes. Antes que el caos, es preferible la acción ejemplarizante y firme, mas no excesiva ni arbitraria. Pero, siempre, mantener el poder dependerá del acierto en la toma de decisiones, jugando con la persuasión y la amenaza. Y esas actuaciones deberán acomodarse a los fines perseguidos. Quien gobierna debe aunar la astucia del zorro y la fuerza del león.

Las crines de la estepa

Retumban los cascos de los caballos en el tambor de la llanura. Los pequeños equinos −veloces, fuertes, resistentes− galopan obedientes a sus amos. Atraviesan la estepa, centauros con sus jinetes, fatigando las áridas tierras, festejando la sumisión de los hierbajos.

El halcón en la lúa, aguarda la orden de su dueño −levantar la caperuza, alzar el brazo al cielo, lanzarle al aire−, para así arrojarse sobre su próxima víctima surcando la gelidez de los cristalinos aires. Y así seguirá varias veces el rito de la caza. O si no con las flechas de sus breves arcos.

Detrás de las huellas marcadas sobre el páramo por las cabalgaduras, se levantan las yurtas, los hogares de piel y maromas a los que regresarán los cazadores tras su tarea. Ante el fuego, con las ramas crepitantes, satisfarán su fatiga con el botín de sus capturas.

Descargos del felón

Que yo quisiera hacerlo fue por mor de mi leal vasallaje, y obligado por mis deberes, y no por un acto de vil infamia. Salí muros afuera y concerté la entrevista. Con palabras lisonjeras embauqué al sitiador, prometiéndole traiciones que le abrirían las cancelas ocultas de la muralla. Vencidos sus recelos iniciales, quedo a la merced de ambición, y así yo pude cumplir mis ocultos propósitos, y los designios labrados en el destino. En un descuido, y a solas, muerte le di con acero, y a la carrera escapé por el postigo secreto. Que no es felonía, que es justicia, librarlas del agresor a mi ciudad y señora.

Las arenas del cielo

Siempre vivimos así, en un errar sin fin. Recorriendo caminos no marcados en las dunas del desierto. En los lugares previstos se levantaban las tiendas, y allí permanecían las lunas necesarias. En ese paraje, en las cercanías de algún pozo, hacíamos nuestras tareas cotidianas. Nosotras dedicadas al fuego y la aguja; ellos, al polvo y las bestias. Tejíamos con dedos hábiles los nudos de nuestra tradición; paríamos los hijos dados por Dios; alimentábamos el ganado, nuestro sustento y compañía. Y así durante generaciones, trasmitidas las costumbres desde las madres de nuestras madres. Recorriendo territorios circulares, siguiendo el paso de las estrellas; cobijados en las lonas al abrigo del frío y calor. Somos un pueblo sin fronteras que vaga por las arenas del cielo.

El sudor del acero

Nadie ni nada nos empujó hasta aquí sudando cuero y acero. ¿La ambición, el ansia de riquezas, la necesidad?, como afirmarán los mezquinos castrones de la tinta y la pluma, de hoy y del futuro, refugiados en sus escribanías. No es eso; se equivocan.

Sin menospreciar el oro, si navegamos océanos, vadeamos ríos, nos internamos en selvas, escalamos montañas, atravesamos secarrales, fue por ese impulso que reside en lo más hondo del alma. Por él he sudado cuero y acero, vestido con andrajos, comido insectos y raíces, surcado de cicatrices mi cuerpo.

Yendo siempre más allá, sin desfallecer, devorando las adversidades. Porque lo que buscamos no es algo tangible, medible, ni que se pueda poseer. El anhelo nuestro sólo habita en el corazón de los que aspiramos –aún a sabiendas de su imposibilidad– a la condición de los dioses.

El cabello salvador

Tuve una provechosa carrera pues gracias a mis méritos y servicios pasé de paje a capitán de caballería. Por mi estimable participación contra el turco, al que derrotamos, fui merecedor de un título nobiliario. Casé al final en boda ventajosa, pero mis aventuras no abandonan mi memoria en los plácidos años que llevo pasados junto a mi esposa.

Mis hazañas, verídicas, fueron puestas en tela de juicio por envidiosos y bellacos. Mas cierto fue que volé subido en una bala de cañón, o llevado por los aires por una bandada de patos; que viajé a la luna donde conocí a los selenitas; que bailé en el estómago de una ballena; que me disfracé con la piel del oso que maté, y así pasé desapercibido ante una manada.

Y, sobre todo, que me salvé a mi mismo tirando de mi cabello hacía arriba para no hundirme con mi cabalgadura en una ciénaga.

Más allá

Zarpamos de puerto con bonanza, el bauprés apuntando la derrota y el pabellón apenas flameando en el asta. Navegamos durante millas con esa calma que apenas inflaba las velas de trinquete y mesana. Desde el puente observaba las bandas levemente salpicadas por el oleaje. Pero el sosiego presagia su contrario.

A los pocos días, desde la cofa, el vigía dio la alerta: negros nubarrones de tormenta a barlovento se acercaban. Los alisios dieron paso a vientos huracanados que hinchaban velas y tensaban jarcias. Alertados, agaleramos los toldos, y di orden al piloto de que se pusiera al pairo y fijase la caña. Izamos las lonas de la arboladura, afianzando el velamen con sus cabos y vientos, y aseguramos la carga en los pañoles. Y nos dispusimos a enfrentarnos a la tempestad.

Se desató la lluvia y rugía el huracán con ráfagas rachas. Las olas golpeaban el casco levantándose por encima de las amuras para abatir la cubierta. Los mástiles se cimbreaban, las cuadernas crujían y la nave cabeceaba. Los imbornales escupían el agua, la quilla arbolando se elevaba y hundía en el abismo.

Nos asediaron infiernos de vientos iracundos y líquidos hambrientos.

Luchamos durante interminables horas hasta que atravesamos la borrasca. La calma se impuso a la vorágine, la serenidad a la furia; y el sol espejeaba en la mar.

Afortunadamente no se desarboló el navío, pero sí se rajaron paños, se partió alguna percha y se descolgaron varias vergas. Realizamos las labores de reparación, achicando la sentina, componiendo palos y drizas, fijando estays o sustituyendo la desgarrada cangreja.

Reanudamos nuestro rumbo. Adelante, siempre adelante. ¡Más allá!

Falansterio

En el espacio habitado por la comunión de los elegidos, un aire helado atraviesa la doctrina.

La estancia acoge en su útero a los fieles devotos, con el ambiente alimentando la conjura. El maestro expone las teorías que intentan romper las cadenas de los siglos, para liberarse de las leyes y usos impuestos por los amos del poder a través de la Historia. ¡Maldición para cetro y espada, para oro y dioses! La falange de acólitos asiste a la lección: pedagogía que fecunda sus feraces mentes abonadas por las ideas libertadoras del Hombre. El discurso es la llave que abre la puerta del cerebro, entrando el aluvión de unos conocimientos nuevos que refutan falsedades e ignorancias. Morada de los discípulos de un saber redentor; comunidad alumbrada de la futura Humanidad; cuerpo solidario que forjará un mundo con la injusticia abolida, sin propietarios y desposeídos, sin señores y siervos. Todo común para todos: conseguida al fin la igualdad deseada.

El fondo silencioso de las almas se congela: es la supuesta igualdad lo que no quiere nadie.

Centinela de la frontera

Estoy aquí solo en mi atalaya. Avizoro el horizonte día y noche, pues a la más leve señal –polvo de los cascos de unos caballos– debo dar la voz de alarma mediante el pífano que me acompaña, alertando a las supuestas guarniciones a mis espaldas. Emisarios periódicos me traen provisiones, ropa de abrigo, leña… y, siempre, las mismas instrucciones: el recuerdo de cumplir mi cometido. Confían en que a la noche mi sueño sea ligero y despierte ante cualquier peligro. A veces desciendo de mi caseta y hago pequeñas batidas, siendo mis armas suficientes si me topo con alguna pequeña alimaña. Mis ojos durante horas, y todos los días, beben lontananza. Si no fuera por los mensajeros pensaría que se han olvidado de mí, que los destacamentos se retiraron de las guarniciones hace ya tiempo.

Estoy solo.

Lejanía de hierro

Sentado en este peñasco del monte miro las llanuras que se extienden desde la falda. En el claro, los animales ramonean en los arbustos vigilados por los mastines. También aprovecho para dar cuenta del guiso de la tartera. Si alguna se aleja para triscar en retamas más escondidas, uno de los perros la devuelve al rebaño.

Temprano subimos todos los días, haga frío o calor, lluvia o viento; sólo faltamos con las nevadas o los hielos. Al atardecer bajamos a la majada. En días claros puedo disfrutar del cielo, los riscos y las jaras; de los canchales del norte y el morro de poniente. Oler el romero, el tomillo y el espliego. Guiarlas, agruparlas, cuidar que ningún chivo se enrede en las zarzas atraído por los matojos, es mi labor. Así todos los días con el único descanso en el hato de la aldea.

Llegan noticias de la lejana villa, a muchas leguas de la aldea (sólo me acerqué dos veces). Dicen que han construido un enorme gusano de hierro, que une villas y ciudades, que hace temblar la tierra cuando la recorre, y que echa fuego por su chimenea como si fuese la boca del infierno. Dicen que es para viajar. Pero para qué ir más lejos si tenemos todo en nuestras comarcas: montes, ríos, valles, bosques, aldeas. No tendrán suficiente con las caballerías o las carretas; o con las piernas y los pies que nos ha dado Dios.

Vértigo del poder

Seremos los forjadores de un mundo nuevo, llevando a cabo la misión que la Historia nos ha asignado: la de representar y defender a todos los oprimidos que a lo largo de ella han sido. Y asumiremos nuestro deber como vanguardia de esos desfavorecidos, ya sea esgrimiendo la palabra o empuñando el arma. No descansaremos hasta que el Pueblo sea el protagonista de su destino, hasta que los opresores sean aplastados, hasta que los enemigos de la Humanidad sean definitivamente derrotados. Y así impere un nuevo orden universal en el que la Igualdad sea el supremo valor y las masas las depositarias del Poder. Aunque para ello tengamos que exterminar a millones de individuos.

Temblor en la trinchera

Me atenaza el frío; mis manos apenas pueden sujetar el arma. Nos dijeron que los combates serían distintos de los tradicionales, del cuerpo a cuerpo con el enemigo. Cuando hicimos la instrucción y nos aleccionaron en la defensa de la patria frente al invasor extranjero. Pero yo no entiendo de eso.

Sólo soy un campesino de reclutamiento forzoso. Sabía del campo, de la siembra y las cosechas, de los animales y el clima. Desconozco qué es de mi familia. Estoy perdido.

Anteayer cayó abatido cerca de mi posición un compañero; se lo llevaron con los pies arrastrando por el barro. Tregua. En el barracón, las tripas gimen como una garrucha; los sueños se alimentan de fantasmas; el miedo la hace guiños a la soledad; y la muerte espera paciente sus tributos.

El calor de la seda

Caía la fina lluvia sobre las rocas en la isla del jardín, alimentando sus helechos y musgos.

En el estanque, las gotas se deslizaban por las hojas de los lotos.

Lo observaba a través del cristal de la ventana, no cubierto por el shoji, con una vaga sensación de melancolía.

Había dejado los poemas apenas hojeados en su armario, y tocaba con lentitud el koto, de cuyas cuerdas salían las notas como un reclamo que atravesase las paredes de bambú.

Anochecía y, sentada en el tatami, miraba distraídamente las pinturas y caligrafías de los kakemonos, sin atender a su sentido, y las flores de los ikebanas.

La seda que me cubría albergaba el calor de mi piel y el latido de mi pecho. Al recibirme, me serviría ceremoniosamente el sake y, luego, lentamente desanudaría mi obi.

Entonces, como en las anteriores ocasiones, estaría a su entera disposición.

Y sería su dueña por unas horas.

El paisaje del té

Sobre las lejanas colinas roseaba la luz de atardecida; los últimos rayos lamían, tibiamente, las aguas espejeantes de los arrozales. Noticias extrañas llegaban a la aldea: hablaban de marchas, de guerrilleros, de revueltas. A mi qué más me dan esas historias. Miró hacia dentro de la casa; su figura, callada y enjuta, al fondo. Los surcos en el rostro delataban el tiempo vivido juntos; eran las mismas marcas suyas al mirarse en el regato. En el fuego, el cacharro rompía a hervir; las hojas a su lado. Qué escasos placeres te has dado. Toda su vida había sido como un rudo paisaje aliviado con acuarelas pintadas con té.

El sabor de las cerezas

En el patio sigue vivo el cerezo.

Es el mismo de mi niñez, aquel que germinaba en primavera para que mis golosos dedos buscasen las preciadas bayas entre sus ramas.

Han transcurrido años y ni las revueltas palaciegas, ni los disturbios en los arrabales, ni los nuevos gobernadores, han impedido su periódico despertar.

Acerco las yemas de mis dedos, acaricio su roja piel, anhelando su pulpa sabrosa una vez más.

En mi boca disfruto un sabor, siempre el mismo: aquel que el tiempo ha detenido.

Una temporada en el Purgatorio

El agrimensor llegó a la puerta cuya entrada conducía allá, a lo alto, a la Montaña a la que se encaminaba. Cuando atravesó el umbral, fue ignorado por los guardianes que parecían dormitar a ambos lados de las jambas. Sintió como si unos seres ingrávidos le acompañasen en su camino, mas no pudo distinguirlos: acaso fueran almas peregrinas o ángeles custodios. Le pareció que hubiese bebido un líquido que le propiciase una visión en la que diferentes figuras fantasmales desfilasen ante sus ojos. Las imaginarias conversaciones arrojaban luz sobre ciertos misterios, pero no desvelaban las posibles culpas ni las hipotéticas condenas de los espectros. Las situaciones se sucedían como si protagonizase un sueño fragmentado y discontinuo, fruto de una ingesta de fiebre. Pudo constatar cómo los sufrimientos y las esperanzas, la luz y las penumbras, la indolencia y el entusiasmo, las secuencias del tiempo, eran tan imaginados o reales como en la vida cotidiana y alerta. Aunque todo asistido por una calma indefinible, casi hipnótica. Comprendió que la salvación, de alcanzarse, sería el resultado de una alianza armónica entre lo intangible y lo palpable, de la música y el color, del silencio y la palabra. Y que así, poco a poco, se borrarían los estigmas grabados en su frente, conforme fuera atravesando los círculos de la purgación.

La sal en las caderas

Atravieso el camino que lleva de la lonja del puerto al mercado con el cesto apoyado a veces en el rodete, a veces en mi cadera. Me cimbreo más por gesto natural que intencionado, aleteando mis faldas. Al pasar por enfrente detecto sus miradas deseantes, sus bocas vertiendo humo. A veces, un atrevido o patoso suelta una ordinariez, y esa grosería hace que mi gesto se vuelva hosco y la mirada acerada. Sé que participamos en el juego de la vida, en la atracción de la piel y los pulsos, pero me indigna ser observada como un trofeo, como el objeto de una babosa codicia. Y aunque sólo soy una sencilla muchacha, el ritmo de mis pasos aún está contagiado por el gozo de la vital lozanía.

El acecho furtivo

Solapado.
Hurtando tu perfil a las miradas ajenas.
Encubierto.
Mimetizado con el gris de lluvia y niebla.
Embozado.
Amante de esquinas y huésped de los portales.
Cauteloso.
Vigilas furtivo al incauto asignado.
Anotas en las páginas de tu memoria todos los datos
precisos y necesarios para elaborar un siniestro
archivo de delación.
Fechas y horarios,
    entradas y salidas,
        hábitos y costumbres.
Redactas un aséptico y frío informe que entregas a
tus jerarcas.
Y te desentiendes de las consecuencias.
Pero ya has señalado.

La fuerza de la sangre

Me abandonó tras algo más de un año de haber nacido nuestro hijo. Dudaba de que fuera capaz de hacer frente a mi responsabilidad con el bebé. Pero desconocía la fuerza que puede haber en el seno de una madre. La misma que sustenta todo el periodo de gestación. Puede que sea el mismo instinto natural que conforma a cualquier hembra de diversas especies. Así que cuidé a mi "cachorro" sintiéndome como una loba o tigresa. Velé sus sueños, atendí sus necesidades nutricias, me arrobé con sus monerías, me regocijé con sus alegrías y gestitos de reconocimiento. Me multiplicaba en las tareas sin desfallecer. En el mimo y el cuidado me entregué. Porque si el amor tiene unas verdaderas raíces, estas son las de la sangre.

Tras el foco de la lente

En el equipo de trabajo habíamos establecido con minuciosidad el protocolo de trabajo. Llevábamos analizando pruebas más de un año. Los preparados se realizaban de acuerdo con un preciso programa, empleando técnicas selectivas con sustancias inhibidoras o diferenciales, como la tinción Gram. Si se requería, pasaban por la incubadora y, bien en las placas Petri o tras reacciones en tubos de ensayo, los cultivos eran sometidos a observación. Previamente se habían comprobado parámetros como la humedad, el pH, la temperatura, etc. Se verificaba la presencia de microorganismos (E. coli, Klebsiella, Staphilococus…), o la forma de las colonias (filamentosas, rizoides, lobuladas…), pero no lográbamos detectar la bacteria buscada. Aquella mañana, yo misma me quedé sorprendida y un tanto emocionada. Tras enfocar tornillos, regular diafragma, y con el ojo en el ocular, en el portaobjetos colocado sobre la pletina apareció por fin al otro lado del objetivo. La confianza, la persistencia y los ensayos; y ¿el azar?

Índice

Pasajes primigenios

Cesuras en el tiempo

Del ritmo de la historia